SILAS SÍLABA

Editora Appris Ltda.
1.ª Edição - Copyright© 2022 do autor
Direitos de Edição Reservados à Editora Appris Ltda.

Nenhuma parte desta obra poderá ser utilizada indevidamente, sem estar de acordo com a Lei nº 9.610/98. Se incorreções forem encontradas, serão de exclusiva responsabilidade de seus organizadores. Foi realizado o Depósito Legal na Fundação Biblioteca Nacional, de acordo com as Leis nos 10.994, de 14/12/2004, e 12.192, de 14/01/2010.

Catalogação na Fonte
Elaborado por: Josefina A. S. Guedes
Bibliotecária CRB 9/870

E571s
2022
	Engel, Mayron
	    Silas sílaba / Mayron Engel. - 1. ed. - Curitiba : Appris, 2022.
	    45 p. : il. color ; 20 cm.
	
	    ISBN 978-65-250-3552-9
	
	    1. Literatura infantojuvenil. 2. Alfabetização. 3. Dislexia.
	4. Educação Infantil. I. Título. II. Série.
	
	                                                                CDD – 028.5

Livro de acordo com a normalização técnica da ABNT

Appris *editora*

Editora e Livraria Appris Ltda.
Av. Manoel Ribas, 2265 – Mercês
Curitiba/PR – CEP: 80810-002
Tel. (41) 3156 - 4731
www.editoraappris.com.br

Printed in Brazil
Impresso no Brasil

Mayron Engel

SILAS SÍLABA

Com ilustrações de:
Gabi Moraes

FICHA TÉCNICA

EDITORIAL	Augusto Vidal de Andrade Coelho
	Sara C. de Andrade Coelho
COMITÊ EDITORIAL	Marli Caetano
	Andréa Barbosa Gouveia (UFPR)
	Jacques de Lima Ferreira (UP)
	Marilda Aparecida Behrens (PUCPR)
	Ana El Achkar (UNIVERSO/RJ)
	Conrado Moreira Mendes (PUC-MG)
	Eliete Correia dos Santos (UEPB)
	Fabiano Santos (UERJ/IESP)
	Francinete Fernandes de Sousa (UEPB)
	Francisco Carlos Duarte (PUCPR)
	Francisco de Assis (Fiam-Faam, SP, Brasil)
	Juliana Reichert Assunção Tonelli (UEL)
	Maria Aparecida Barbosa (USP)
	Maria Helena Zamora (PUC-Rio)
	Maria Margarida de Andrade (Umack)
	Roque Ismael da Costa Güllich (UFFS)
	Toni Reis (UFPR)
	Valdomiro de Oliveira (UFPR)
	Valério Brusamolin (IFPR)
SUPERVISOR DA PRODUÇÃO	Renata Cristina Lopes Miccelli
ASSESSORIA EDITORIAL	Débora Sauaf
REVISÃO	Manu Marquetti
	Josiana Araújo Akamine
PRODUÇÃO EDITORIAL	William Rodrigues
DIAGRAMAÇÃO	Daniela Baumguertner
ILUSTRAÇÕES	Gabi Moraes
CAPA	Eneo Lage
REVISÃO DE PROVA	Bianca Silva Semeguini

Que todas as crianças encontrem um
caminho harmonioso e fértil pelo mundo
das palavras.

ESTE É SILAS SÍLABA, FILHO DO ESCRITOR LEANDRO LETRA E DA CANTORA VIOLETA VOGAL

TODOS OS DIAS, SILAS ACORDA
CEDINHO COM AQUELE BARULHINHO:
SÃO AS LETRAS ENCONTRANDO SEU
CAMINHO. ELE PENSA:
– PARECEM FORMIGAS ATRÁS
DE COMIDA.

O CAFÉ DA MANHÃ, SUA MÃE PREPARA
SEM PERDER A HORA. AQUECE O LEITE
E CANTAROLA:
– ÁÁÁ, ÉÉÉ, ÍÍÍ, ÔÔÔ, UUU...
FAZ TRAVA-LÍNGUA E TAPIOCA.

NO CAMINHO PARA A ESCOLA:

NA SALA DE AULA, A PROFESSORA,
COM CHAPÉU DE DETETIVE, DISSE COM
OLHAR DE ESFINGE:
– AQUELE QUE JUNTAR AS SÍLABAS, UM
MISTÉRIO IRÁ DESVENDAR, QUEM SERÁ
O HERÓI QUE VAI NOS SALVAR?

SILAS SÍLABA CONGELOU NA CADEIRA,
FICOU SEM EIRA NEM BEIRA.

SILAS TINHA DIFICULDADE EM SEPARAR AS SÍLABAS. NÃO ERA PROBLEMA COM OS ÓCULOS.

ENXERGAVA AS LETRAS E AS PALAVRAS, MAS, ÀS VEZES, AS SÍLABAS SE MISTURAVAM E DAVAM UM NÓ.

SABENDO DA DIFICULDADE, LEANDRO LETRA E VIOLETA VOGAL PROCURARAM UM ESPECIALISTA. UM ESTUDIOSO DE FAZER GOSTO! ENTENDIA DE MUITAS COISAS. O SEU NOME É PEDRO PALAVRA PEDROSO! TÃO SABIDO QUE NEM É POSSÍVEL SABER TUDO QUE ELE SABE NUMA PÁGINA SÓ.

PEDRO PALAVRA PEDROSO LEVOU SILAS SÍLABA PARA PASSEAR, SUBIU EM UM BANCO DA PRAÇA E PÔS-SE A FALAR:

— SILAS, NÃO SE PREOCUPE COM AS SÍLABAS! ELAS ESTÃO POR TODOS OS LUGARES. PRIMEIRO, VAMOS LER O MUNDO, DESCOBRINDO AS PALAVRAS.

PEDRO PALAVRA PEDROSO PEDIU PARA
SILAS SÍLABA OBSERVAR A PRAÇA.

– AGORA, ME CONTE, O QUE VOCÊ
ESTÁ VENDO?

– VEJO UM VELHINHO DIVIDINDO O
SORVETE COM SEU CACHORRINHO.
PERTO DELES TEM UM SAPO, NO SACO
DE LIXO. SERÁ UM ESCONDERIJO?

– MUITO BEM, SILAS! VER, OUVIR E
ESCREVER FAZEM PARTE DO CAMINHO
PARA APRENDER A LER AS PALAVRAS.

PEDRO PALAVRA PEDROSO PEGOU
UM GRAVETO E ESCREVEU, NO CHÃO:
VELHO, CACHORRO, SAPO, SACO, LIXO,
E PEDIU PARA SILAS ESCREVER O SEU
NOME, TENTANDO DIVIDIR AS SÍLABAS.

PEDRO PALAVRA SABIA QUE A DIFICULDADE DE SILAS PODERIA SER A DISLEXIA.

PEDRO PALAVRA PEDROSO CIRCULOU
AS SÍLABAS E PEDIU PARA SILAS JUNTAR
A PRIMEIRA SÍLABA DA PALAVRA
CA-CHOR-RO COM A PRIMEIRA SÍLABA
DA PALAVRA SA-PO. SILAS PENSOU
E GRITOU:
– CAÇA!
PEDRO PALAVRA PEDROSO DISSE:
– QUASE! QUASE! É CASA. SEU
RACIOCÍNIO ESTÁ CORRETO, SILAS,
MAS OS SONS DAS SÍLABAS NÃO
SÃO SEMPRE OS MESMOS. VEJA! NA
PALAVRA SAPO, A SÍLABA "SA" TEM
SOM DE "ÇA", MAS NA PALAVRA CASA,
A SÍLABA "SA" TEM SOM DE "ZA".

PEDRO PALAVRA PEDROSO PEDIU PARA SILAS SÍLABA DIZER UMA PALAVRA QUE COMEÇASSE COM A SÍLABA "SI", A MESMA DO SEU NOME. SILAS PENSOU E RESPONDEU:

– VIDA.

PEDRO ESCREVEU A PALAVRA "VIDA" NO CHÃO, E SILAS NÃO CONTEVE A REAÇÃO.

– CALMA, SILAS! SUA DIFICULDADE PODE SER DISLEXIA, UM PROBLEMA EM PERCEBER O SOM DAS PALAVRAS. VAMOS, JUNTOS, VISITAR OUTROS ESPECIALISTAS QUE IRÃO TE AJUDAR NA SUA JORNADA PELO MUNDO DAS PALAVRAS.

PEDRO PALAVRA PEDROSO EXPLICOU A SITUAÇÃO PARA LEANDRO LETRA E VIOLETA VOGAL E DISSE QUE SILAS SÍLABA IRIA APRENDER AS PALAVRAS, MESMO DIANTE DAS DIFICULDADES.

SILAS SÍLABA, DURANTE ALGUM
TEMPO, PRECISOU VISITAR MUITOS
ESPECIALISTAS, CADA UM COM UM
NOME MAIS DIFÍCIL QUE O OUTRO.
AOS POUCOS, FOI RISCANDO UM A UM
DA SUA LISTA E LOGO COMEÇOU A
PEGAR GOSTO PELAS SÍLABAS.

ANTES DE DORMIR, SUA MÃE
CANTAROLAVA E SEU PAI LIA POESIA.
JUNTOS, JÁ NEM SE LEMBRAVAM DA
TAL DISLEXIA!

POSFÁCIO

Queridos pais, ouvir o diagnóstico de dislexia muitas vezes traz sensações de angústia em relação ao futuro da criança, mas a informação adequada traz calma e fortalece as decisões.

Dislexia não é uma doença, é um transtorno do neurodesenvolvimento e está relacionada ao processamento da linguagem, em particular da leitura e da escrita.

Também não significa "falta de inteligência", pelo contrário, muitas vezes os disléxicos são até mais criativos.

Geralmente, os primeiros sintomas serão observados ainda na primeira infância por vocês, pais, e costuma ser: atraso da fala, dificuldade em aprender novas palavras, fazer rimas ou lembrar de letras de músicas. No início da escolarização, eles podem apresentar dificuldade em diferenciar a letra do som, compreender que as palavras são divididas em sílabas ou escrever de forma espelhada. Na linguagem, eles podem ter dificuldades em pronunciar alguns sons ou podem falar frases mais longas, fazendo muitas pausas para "organizar" a frase.

Nesse momento vem a pergunta: "e o que fazer agora?". A dislexia não é tratada com medicamentos, apenas intervenções nas áreas de Fonoaudiologia, Terapia Ocupacional, Psicologia e Pedagogia. A combinação das terapias é essencial, pois a dislexia interfere em várias áreas do desenvolvimento. Outro motivo de angústia é a busca da causa da dislexia – saibam que ela tem origem genética, por isso é muito comum ela ocorrer em irmãos ou, após o diagnóstico da criança, um de vocês identificarem situações parecidas e "descobrirem", já adultos, que também são disléxicos. E mesmo nos adultos, é possível intervir e melhorar alguns sintomas que ainda interferem nas atividades.

Se vocês ou o professor do seu filho observarem sinais sugestivos de dislexia, não esperem. Busquem orientação especializada com um psicopedagogo ou um médico neurologista para iniciar a avaliação e a intervenção o mais rápido possível. Não esqueçam de informar à criança, especialmente as maiores, sobre a dislexia. Conhecer o transtorno dará a vocês e a ela mais segurança e poder de transformação.

Josephine Marie da Cunha Fish
Médica neuropediatra de abordagem integrativa.
E-mail: drajosephine@gmail.com

MAYRON ENGEL ROSA SANTOS

Escritor com afinidades para o haicai, poesia, microconto e estórias para crianças. Mestre em Educação com ênfase em estudos relacionados a expressividade do corpo e as expressões artísticas na escola, ator por ofício, palhaço pelo afeto, criador do Circolando Iniciativas Artísticas. Membro da Academia de Letras do Brasil (ALB) Seccional Uberaba e Akademia Alternativa Pegasiane – Brasil (AAPBrasil).

Contato:
mayrondiscens@gmail.com
@mayronengelcircolando
www.circolando.com.br

GABI MORAES

Nasceu em Campos do Jordão, uma cidade de altas montanhas no interior de São Paulo, e é uma ilustradora apaixonada por livros, desenhos animados, pelo espaço e pela natureza. Ganhadora do prêmio Jabuti em 2016, Gabi traz consigo o que mais ama e traduz tudo isso em cores e traços de seus trabalhos. Quer conhecer um pouco mais sobre a ilustradora? Encontre mais de suas artes nas redes sociais: @gabimorart.